AF559000
www.entdecke.de

Entdecke die Tiger

Thomas & Agnes Wilms

Titelbild: Sibirischer Tiger
Rückseite: Sind Tiger-Babys nicht süß?
Seite 1: Tiger gehen vor allem nachts auf Jagd
Seite 2/3: Ob der Tiger die Axis-Hirsche angreifen wird?

ISBN: 978-3-86659-304-6

6. Auflage 2026

An der Kleimannbrücke 39/41
48157 Münster
Tel.: 0251-13339-0, Fax: 0251-13339-33
E-Mail: verlag@ms-verlag.de, Home: www.ms-verlag.de
Geschäftsführung: Matthias Schmidt
Layout: Isabell Büchter
Lektorat und Bildredaktion: Kriton Kunz
Druck: Drusala, Dobrá

Titelbild: J.-L. Klein & M.-L. Hubert/Juniors/wildlife
Rückseite: anankkml/thinkstock
Vorsatz: Poring Studio/shutterstock

Arco Digital Images
S.1: Shin Yoshino
S.2/3: David Woodfall
S.7 oben links: F. Gierth
S.7 oben rechts: Olaf Krüger
S.7 unten: G. & H. Denzau
S.8: G. Lacz
S.9 unten: Ashok Jain
S.10 oben: Olaf Krüger
S.10 unten: Vivek Menon
S.11 oben: Olaf Krüger
S.11 unten: Toby Sinclair
S.12/13: Barrie Britton
S.12: Konrad Wothe
S.13 links: Theo Allofs
S.13 rechts: Aditya Singh
S.14/15: Theo Allofs
S.14: Roland Seitre
S.18 oben: Konrad Wothe
S.18 unten: C. Hütter
S.19 unten: Mark Newman
S.20 oben: Andy Rouse
S.20 unten: Terry Whittaker
S.21 oben: Terry Whittaker
S.21 unten: M. Camm (WAC)
S.24 o rechts: Terry Whittaker
S.25 oben: G.A. Rossi
S.25 unten: E.A. Kuttapan
S.28/29: Aditya Singh
S.28: Cyril Ruoso
S.30: Roland Seitre
S.31 oben: Konrad Wothe
S.32/33: Konrad Wothe
S.35 oben links: P. Weimann
S.36 oben links: T. Fitzharris
S.37 oben: Theo Allofs
S.38 mitte: G. Lacz
S.39 oben: Lynn M. Stone
S.39 unten: Edwin Giesbers
S.41 oben: Suzi Eszterhas
S.44/45: Theo Allofs
S.44 oben: Mark Newman
S.45 oben links: Theo Allofs
S.45 oben rechts: F. Savigny
S.47 oben: Aditya Singh
S.48 unten links: R. Wittek
S.49: Terry Whittaker
S.50 oben links: ZSSD
S.50 oben rechts: Theo Allofs
S.52/53: Aditya Singh
S.52 oben links: S. Eszterhas
S.52 oben rechts: TUNS
S.53 oben: Andy Rouse
S.56/57: Xi Zhinong
S.56 oben: ZSSD
S.57 oben: Moritz Wolf
S.58 links: Theo Allofs
S.58 rechts: S. Tüngler
S.59 oben: Francois Savigny
S.59 unten: Konrad Wothe
S.61 oben: Jim West

Fotolia
S.36 o rechts: farbkombinat

Okapia
S.19 oben: V. Savigny
S.60/61: Robin Simon

WILDLIFE Bildagentur GmbH
S.43: A.Rouse

shutterstock
S.5 oben: Rozhkovs
S.6: Ola-ola
S.23 oben: Volt Collection
S.24 oben links: sarkao
S.24 unten: val lawless
S.26: wckiw
S.26/27: A. Kaewkhammul
S.27,1-2: A. Kaewkhammul
S.27,3: taviphoto
S.27,4: xander
S.31 m: Gerckens-Photo-Hamburg
S.32 links: Calvin Lee
S.32 rechts: Z. Alexandr
S.34: nattanan726
S.35 unten: Elisa 69
S.36 unten links: Chris Fourie
S.36 unten rechts: Dioniya
S.37 unten: Serg Salivon
S.38 unten: PHOTOCREO M. Bednarek
S.38 oben: beltsazar
S.40 oben: subin pumsom
S.42: Sergey Uryadnikov
S.46: dangdumrong
S.47 unten: Andy Poole

Thinkstock Images
S.4: Ryan McVay
S.5 unten: daikokuebisu
S.9 oben: PedroBige
S.22/23: nattanan726
S.31 unten: DrPAS
S.35 o rechts: M.Cattaneo
S.41 unten: M. Luhrenberg
S.48 oben: GlobalP
S.48 unten rechts: E. Gevaert
S.50/51: julianwphoto
S.54-55: GlobalP
S.61 mitte: Morozova Tatiana
S.63: GlobalP
S.64: anankkml

Inhaltverzeichnis

Wunderschön, wild und kraftvoll: So sind Tiger!

Faszination Tiger

Hast Du schon einmal einen echten Tiger im Zoo gesehen und ihn genau beobachtet? Wir Menschen sind seit jeher von der Kraft, Anmut, Stärke, Gefährlichkeit und Schönheit dieser Raubkatzen fasziniert. Das spiegelt sich auch in der Verwendung von Tigersymbolen in unserem Alltag wider. Achte doch einmal darauf, wie viele Firmen, Sportmannschaften oder sonstige Vereine ein Tigersymbol benutzen, um sich zu präsentieren! Manche Länder zieren sogar ihre Landeswappen mit einem Tiger, etwa Malaysia. Und vielleicht kennst Du ja auch den einen oder anderen lustigen oder gefährlichen Zeichentrick-Tiger.

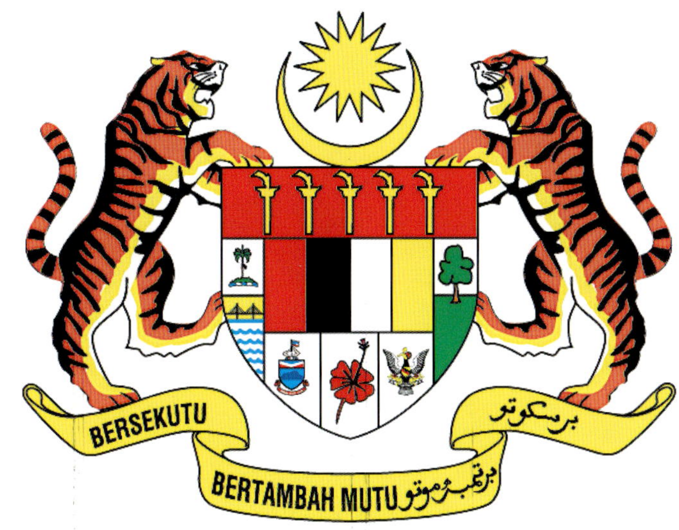

Zwei Tiger zieren das Wappen des südostasiatischen Staats Malaysia

Ein Symbol für die Wildnis

Bilder von Tigern oder Filme über sie werden gerne genutzt, um das Interesse der Menschen auf Naturschutzprojekte zu lenken. Der Tiger gehört dank seiner großen Beliebtheit zu den sogenannten Flaggschiff-Arten. Das sind besonders bekannte und beliebte Arten, die als Werbeträger für Naturschutzprojekte dienen. Dadurch, dass man beispielsweise für den Tiger Schutzprogramme durchführt, wird auch vielen weniger bekannten Tierarten geholfen, die im Lebensraum der Raubkatze vorkommen.

In den Geschichten vieler Völker spielen Tiger eine wichtige Rolle. Hier siehst Du eine Darstellung aus Japan.

Schwein: 1935, 1947, 1959, 1971, 1983, 1995, 2007, 2019
Ratte: 1936, 1948, 1960, 1972, 1984, 1996, 2008, 2020
Büffel: 1937, 1949, 1961, 1973, 1985, 1997, 2009, 2021
Tiger: 1938, 1950, 1962, 1974, 1986, 1998, 2010, 2022
Hase: 1939, 1951, 1963, 1975, 1987, 1999, 2011, 2023
Drache: 1940, 1952, 1964, 1976, 1988, 2000, 2012, 2024
Schlange: 1941, 1953, 1965, 1977, 1989, 2001, 2013, 2025
Pferd: 1942, 1954, 1966, 1978, 1990, 2002, 2014, 2026
Schaf: 1943, 1955, 1967, 1979, 1991, 2003, 2015, 2027
Affe: 1944, 1956, 1968, 1980, 1992, 2004, 2016, 2028
Hahn: 1945, 1957, 1969, 1981, 1993, 2005, 2017, 2029
Hund: 1946, 1958, 1970, 1982, 1994, 2006, 2018, 2030

Der Tiger ist eines der Tierkreiszeichen des chinesischen Kalenders

Seit alters spielt der Tiger in der Kultur der Menschen in Asien eine sehr große Rolle. In China wird jedes zwölfte Jahr als „Jahr des Tigers“ gefeiert. Ein ganzes Jahr steht der Tiger dann als Tierkreiszeichen im Mittelpunkt. Menschen, die in einem solchen Jahr zur Welt kamen, sind darauf sehr stolz!

In vielen asiatischen Kulturen verzieren die Menschen die Wände von Tempeln, Denkmäler, Wappen, Waffen, Töpfe oder andere Alltagsgegenstände noch heute mit Tigerdarstellungen. Beispielsweise werden Tigerkämpfe abgebildet oder Tigerjagden sowie Gottheiten in Tigergestalt. Der künstlerischen Fantasie sind bei diesen Darstellungen keine Grenzen gesetzt. Solche hübschen Darstellungen hast Du bestimmt schon einmal irgendwo gesehen.

Bei uns in Europa spielte der Tiger in der Vergangenheit keine große Rolle. Löwen jedoch kamen noch in geschichtlicher Zeit in der Natur Europas und Nordafrikas vor. Aus diesem Grund gibt es in unserem Kulturkreis viele Löwensymbole. Du hast sicher schon Fahnen, Wimpel und Münzen mit Löwenabbildungen gesehen.

Bist Du ein Tiger?

Kein anderes Tierkreiszeichen im chinesischen Horoskop ist so zwiespältig wie der Tiger. Er wird geliebt, gefürchtet, bewundert und verehrt. „Tiger-Geborenen“ wird Mut, Ruhelosigkeit, Tapferkeit, Warmherzigkeit, Perfektion und die Suche nach Bewunderung nachgesagt. Ob Du ein „Tiger-Geborener“ bist, kannst Du anhand Deines Geburtsjahres feststellen. „Tiger“ sind in folgenden Zeiträumen geboren: 09.02.1986 bis 28.01.1987, 28.01.1998 bis 15.02.1999, 24.02.2010 bis 02.02.2011. Die Glückszahl des Tigers ist die 3!

Schon in der Antike war der Tiger wegen seiner Kraft und Eleganz ein beliebtes Motiv, wie hier auf einem Mosaik von Zypern

Die indische Hindu-Göttin Durga reitet auf einem Tiger

Von Hindus in Indien wird auch der Tiger-Gott Dakshina verehrt

Tiger haben ein riesiges Gesamtverbreitungsgebiet. In manchen Kulturen werden sie bis heute verehrt, vergöttert, gehasst oder wie in vielen Gegenden Indiens als „Menschenfresser" gefürchtet.

In der Nahrungskette der Natur steht der Tiger an oberster Stelle, wie viele andere Großkatzen ebenfalls. Er ist gewissermaßen die „Gesundheitspolizei", da er meist kranke, verletzte, alte oder schwache Tiere erbeutet. Leider kommt es aber auch immer wieder zu Unfällen mit Tigern, bei denen Menschen getötet werden. Gerade in Indien gab und gibt es häufig Konflikte zwischen Tigern und Menschen. Zu Beginn des 20. Jahrhunderts wurden in Indien jährlich bis zu 1 000 Personen Opfer von Tigerangriffen. Sogar in Zoos, bei Zaubershows und in Zirkusmanegen passierten schon einige tödliche Unfälle mit Tigern. Tiger gelten daher als die gefährlichsten Großkatzen. Auf der anderen Seite ist der Tiger sicherlich eine der schönsten und faszinierendsten Raubkatzen unserer Erde!

Zusammen mit Dir und der schlauen Eule Xabi möchten wir nun einen Streifzug durch die Welt der Tiger unternehmen und Dir viel Spannendes und Erstaunliches berichten.

Tiger sind keine Schmusetiere, sondern gefährliche Raubkatzen

In ihren Herkunftsländern fürchten viele Menschen den Tiger, da es immer wieder zu Angriffen kommt

Tiger – brutale Menschenfresser?

Grundsätzlich gehören Menschen nicht ins natürliche Beuteschema von Tigern. Dennoch kann es passieren, dass ein Mensch einem Tiger zum Opfer fällt. Für schwache, kranke, alte oder verletzte Tiger ist der Mensch eine einfach zu überwältigende Beute. Die Tiere lernen, dass ein Mensch leichter zu fangen ist als eines der üblichen Beutetiere. Das macht einen solchen Tiger besonders gefährlich! In Indien gab es einen Fall, in dem vermutlich ein einzelner Tiger im Zeitraum von 1902 bis 1907 über 430 Menschen tötete. Noch heute tragen Menschen dort, wo Tigerattacken vorkommen, Masken auf dem Hinterkopf, die ein Gesicht zeigen – das soll die Raubkatze vom Angriff von hinten abschrecken, weil sie sich beobachtet fühlt.

Der Tiger – König ohne Reich!

Einst war das Verbreitungsgebiet des Tigers riesig! Es erstreckte sich über weite Teile des asiatischen Kontinents – im Westen sogar bis in die Türkei hinein. Heute ist das Verbreitungsgebiet des Tigers sehr viel kleiner, und selbst dort, wo die Raubkatze noch vorkommt, ist der Lebensraum oft nicht mehr zusammenhängend für ihn geeignet.

Der Hauptgrund für diese Entwicklung ist der Mensch, da einerseits Platz für Straßen, Städte und Landwirtschaft benötigt wird und andererseits viele Menschen auch nicht in direkter Nachbarschaft mit einem solch mächtigen Raubtier leben möchten. Unter anderem deshalb wurden Tiger noch vor wenigen Jahren ganz offiziell stark bejagt. Außerdem war ihr Fell sehr begehrt, um daraus Mäntel und Jacken herzustellen.

Früher brüsteten sich Großwildjäger gerne mit solchen makaberen Trophäen

Schädel und Knochen von Tigern werden von Wilderern teuer verkauft, weil man ihnen in Asien medizinische Wirkungen zuschreibt

Anfang des 19. Jahrhunderts waren Tigerjagden ein gesellschaftliches Ereignis

Diese Jagdgesellschaft aus Briten und Indern hat in kurzer Zeit viele Tiger erlegt

Heute steht der Tiger zwar in den meisten Ländern der Erde unter strengem Schutz, aber trotzdem gibt es in einigen asiatischen Ländern noch eine sehr große Nachfrage nach Produkten, die aus Tigern hergestellt werden. So werden beispielsweise Teilen bestimmter Pflanzen und Tiere in der traditionellen chinesischen Medizin seit Jahrtausenden medizinische Wirkungen zugeschrieben. Auch der Tiger soll über medizinisch wirksame Bestandteile verfügen. Ihm werden Eigenschaften wie Kraft, Mut und Stärke zugeschrieben, die sich auf die kranke Person übertragen und die Heilung begünstigen sollen. Aus diesem Grund werden auch noch heute Tiger gewildert und vor allem ihr Fell und die Knochen nach China geschmuggelt. Dieser illegale Handel stellt heute die größte Bedrohung für das Überleben der letzten Tiger dar. Weltweit gibt es wahrscheinlich nur noch etwa 3 200 in der Natur lebende Exemplare!

Tigerfarmen

In Asien gibt es Tigerfarmen. Dort werden Tiger allerdings nur aus einem Grund gezüchtet, nämlich um aus ihnen traditionelle Medizin herzustellen! Viele Menschen in Asien glauben fest daran, dass Salben, Tinkturen, Pulver, Pasten und Tabletten aus Tigerbestandteilen ihnen Kraft, Intelligenz, Stärke oder ein langes Leben verleihen. Die meisten dieser Produkte werden in den Grenzregionen zwischen Birma, Thailand und China verkauft.

Wenn Du an Tiger denkst, kommt Dir vielleicht zuerst der tropische Dschungel in den Sinn. Der Amurtiger aber lebt in Gegenden, in denen es im Winter bitterkalt wird.

Die Vielfalt unter den Tigern

Tiger leben in einem riesigen Gebiet, in dem sich je nach Ort vor allem das Klima sehr stark unterscheidet. Während die Tiger im Osten Russlands Temperaturen von bis zu minus 34 Grad Celsius trotzen müssen, leben ihre Artgenossen auf der Insel Sumatra und in Malaysia in einem tropischen Tieflandregenwald. Dort sind die Temperaturen über das Jahr gesehen bei warmen 25 bis 27 Grad Celsius recht gleich bleibend.

Neben dem Klima sind jedoch auch die Lebensräume sehr unterschiedlich. Tiger leben in tropischen Regenwäldern und Mangrovensümpfen sowie in Savannen- und Sumpfgebieten, aber auch in Nadel-, Laub- und Mischwäldern.

Zwischen den einzelnen Tigerbeständen gibt es Hindernisse, die für die Tiere weitgehend unüberwindbar sind, beispielsweise Bergmassive und Meere. Das führte im Lauf der Entwicklung dieser Art dazu, dass die Tiger

Solche Höhlen bilden willkommene Verstecke, wie hier für einen Königstiger

Eine Tigerfamilie durchstreift ihr Revier

eines bestimmten Gebiets sich an die dort herrschenden Umweltbedingungen speziell anpassten. Daher sehen sie je nach Herkunft etwas anders aus: Sie sind beispielsweise unterschiedlich groß, verschieden gefärbt und besitzen unterschiedlich langes Fell. Aufgrund solcher Unterschiede wurden von Wissenschaftlern mehrere Unterarten des Tigers beschrieben. Insgesamt wurden bis zu acht Unterarten anerkannt, von denen jedoch drei mittlerweile schon ausgestorben sind.

Ein Sumatra-Tiger in seinem feuchtwarmen Lebensraum

Manche Forscher glauben heute, dass es nur zwei Unterarten des Tigers gibt, eine auf dem Festland und eine von den Inseln Südostasiens

Ein Königstiger auf der Pirsch

Oftmals sind sich Wissenschaftler allerdings nicht einig, wie bestimmte Tierformen zu bewerten sind – ob es sich also um eigenständige Arten, Unterarten oder nur um regionale Varianten handelt. So verhält es sich auch bei den Unterarten des Tigers. Bereits seit Langem gibt es immer wieder Diskussionen darum, ob die eine oder andere Unterart anerkannt werden sollte oder nicht. Berliner Wissenschaftler haben nun die Unterarten erneut untersucht. Als Ergebnis ihrer Studie stellten sie fest, dass der Tiger aus ihrer Sicht nur in zwei Unterarten unterteilt werden sollte – eine Unterart auf dem Festland und eine Unterart, die auf verschiedenen Inseln Südostasiens beheimatet ist. Ob sich diese Einteilung allerdings durchsetzen wird, bleibt abzuwarten. Deshalb stellen wir Euch jetzt die zuvor unterschiedenen Unterarten des Tigers vor.

Königs- oder Bengaltiger
etwa 2 600 Tiere
Südchinesischer Tiger
vermutlich ausgestorben
Verbreitungsgebiet
vor 100 Jahren
heute
Sumatratiger
etwa 325 Tiere

Sibirischer Tiger oder Amur-Tiger
mindestens 520 Tiere
Indochinesischer Tiger
etwa 330 Tiere
Malaysia-Tiger
etwa 300 Tiere

Königs- oder Bengaltiger

Der Königs- oder Bengaltiger ist nach dem Sibirischen Tiger die zweitgrößte Unterart. Diese Tiere leben in Indien sowie Teilen Pakistans, Nepals, Bangladeschs, Birmas und Bhutans. Insgesamt wird die Anzahl in der Natur lebender Königstiger auf etwa 2 600 Tiere geschätzt, von denen mehr als die Hälfte in Indien lebt.

Sumatra-Tiger

Auf der zu Indonesien gehörenden Insel Sumatra lebt der sehr kontrastreich gefärbte Sumatra-Tiger. Er ist die Kleinste der heute noch lebenden Unterarten. Erwachsene Sumatra-Tiger haben eine Schulterhöhe zwischen 60 und 75 Zentimetern und können eine Gesamtlänge von Schnauzen- bis Schwanzspitze von zweieinhalb Metern erreichen. Wie bei allen Unterarten bleiben auch beim Sumatra-Tiger die Weibchen etwas kleiner als die Kater und erreichen ein Gewicht von 75 bis 90 Kilogramm, während die Kater 100 bis 140 Kilogramm wiegen. Ein weiterer Unterschied zwischen den Geschlechtern ist, dass die Männchen dieser Tigerunterart über einen ausgeprägten Backenbart verfügen. Vom Sumatra-Tiger gibt es heute noch etwa 325 Exemplare in der Natur.

Zoologische Namen

Zoologen geben allen Tieren wissenschaftliche Namen. Diese Namen sind meist lateinischen Ursprungs oder bestehen aus Begriffen anderer Sprachen, die latinisiert, also der lateinischen Sprache angepasst worden sind. Die wissenschaftlichen Namen bestehen aus zwei oder drei Wörtern, von denen das erste groß und das zweite und dritte immer klein geschrieben wird. Das erste Wort benennt die Gattung, zu der das Tier gehört. Der Tiger ebenso wie Löwe, Leopard, Jaguar und Schneeleopard zählt zur Gattung der Eigentlichen Großkatzen, die wissenschaftlich *Panthera* genannt wird. Der Tiger heißt wissenschaftlich *Panthera tigris* und der Löwe *Panthera leo*. Schon am wissenschaftlichen Namen kann der Zoologe also sehen, dass die beiden Arten nahe miteinander verwandt sind.
Wenn es in einer Art Unterarten gibt, dann werden diese mit einem dritten Namensteil benannt – eine Unterart des Tigers heißt beispielsweise *Panthera tigris altaica* – der Amur-Tiger oder Sibirische Tiger.

Südchinesischer Tiger

Diese Unterart lebte einst in großen Gebieten im Süden Chinas. Leider wurden diese prächtigen Tiere stark bejagt – die chinesische Regierung zahlte sogar noch in den 1960er-Jahren Abschussprämien für jeden erlegten Südchinesischen Tiger! Seit etwa 20 Jahren hat man im ursprünglichen Verbreitungsgebiet des Südchinesischen Tigers keine lebenden Exemplare oder Lebensspuren wie etwa Kot, Fußabdrücke oder Kratzspuren mehr gefunden. Wissenschaftler gehen daher davon aus, dass es von dieser Unterart nur noch wenige Einzeltiere in freier Natur gibt – wenn überhaupt. Daher muss diese Unterart voraussichtlich bald auf die Liste derjenigen Tierarten gesetzt werden, die im Freiland ausgestorben sind.

Trotzdem gibt es für das Überleben des Südchinesischen Tigers noch Hoffnung! In einigen chinesischen Zoos werden nämlich Tiere dieser Unterart gehalten und auch nachgezüchtet. Allerdings kommen dort nur sehr wenige Jungtiere auf die Welt. Die Südchinesischen Tiger aus diesen Zoos sind dennoch die Grundlage der Bemühungen, die Unterart zu erhalten. Artenschützer hoffen nämlich, irgendwann wieder Südchinesische Tiger aus Zoos in ihrem natürlichen Lebensraum auswildern zu können.

Malaysia-Tiger

Der Malaysia-Tiger wurde erst im Jahre 2004 von Wissenschaftlern als eigenständige Unterart beschrieben. Zuvor ging man davon aus, dass alle Tiger des südostasiatischen Festlandes der indochinesischen Unterart angehören, da sich die Exemplare dieser Region sehr stark ähneln. Bei Untersuchungen des Erbgutes fanden Wissenschaftler jedoch heraus, dass es zwischen beiden Formen Unterschiede gibt, die so groß sind, dass beide als verschiedene Unterarten eingestuft werden konnten.

Sibirischer Tiger oder Amur-Tiger

Hoch im Norden Asiens lebt der mächtige Sibirische Tiger. Einst war er im östlichen Sibirien, in der Mandschurei und in Korea verbreitet. Mit einer Schulterhöhe von bis zu 110 Zentimeter und einer Körperlänge von bis zu 350 Zentimeter ist der Sibirische Tiger die größte Raubkatze der Welt! Sein Fell ist hell, lang und sehr, sehr dicht. Es dient dazu, die riesigen Tiere perfekt zu tarnen und vor der Kälte zu schützen.

Heute gibt es mindestens 520 in der Natur lebende Sibirische Tiger, die meisten davon im Osten Russlands. Der Bestand war in der Vergangenheit auf nur etwa 30 bis 40 Tiere abgesunken, die Unterart stand also kurz vor dem Aussterben in der Natur. Nur durch sehr strenge Schutzmaßnahmen konnte sich der Bestand wieder erholen.

Gut gebrüllt, Tiger!

Tiger brüllen längst nicht so oft wie Löwen, aber dafür sehr laut. Ihr Brüllen, das sich wie „A-o-ung" anhört und meist mehrfach wiederholt wird, ist über drei Kilometer weit zu hören!

Kraftvoll zubeißen

Die Beißkraft eines Tigers, der seine Beute erlegt, beträgt etwa 2 000 Newton pro Quadratzentimeter. Das entspricht einer Masse von rund 200 Kilogramm, die auf einen Quadratzentimeter wirkt. Beim Menschen beträgt der entsprechende Wert nur etwa 80 Kilogramm pro Quadratzentimeter.

Indochinesischer Tiger

Der Indochinesische Tiger ist in Teilen Vietnams, Kambodschas, Laos, Thailands und in Birma beheimatet. Bei dieser Unterart gehen die Streifen im Fell manchmal in Flecken über. Das sieht sehr hübsch aus! Experten schätzen, dass es nur noch etwa 330 in der Natur lebende Indochinesische Tiger gibt.

Ausgestorbene Unterarten des Tigers

Zoologen, also Tierforscher, gehen heute davon aus, dass von den Unterarten des Tigers drei bereits ausgestorben sind. Es sind dies der Bali-Tiger, der Java-Tiger und der Kaspische Tiger. Alle drei Unterarten wurden von uns Menschen ausgerottet, indem ihr Lebensraum weiträumig zerstört wurde. Außerdem wurden die Tiere stark bejagt.
Während der Bali-Tiger bereits in den 1940er-Jahren ausgerottet wurde, überlebten einzelne Exemplare des Kaspischen Tigers und des Java-Tigers bis in die 1970er-Jahre beziehungsweise 1980er-Jahre.

Der Bali-Tiger war der Kleinste aller Tiger. Männchen waren von der Schnauzen- bis zur Schwanzspitze nur 200 bis 220 Zentimeter lang, Weibchen 180 bis 220 Zentimeter. Von diesen Tieren existieren heute nur noch einige wenige Skelette und Felle in naturhistorischen Museen – es gibt offenbar keine Fotos lebender Bali-Tiger! Der Java-Tiger war ebenfalls sehr kleinwüchsig, aber etwas größer als der nah verwandte Bali-Tiger. Auf der Insel Java wurde noch im Jahre 1984 ein Tiger geschossen und fünf Jahre später ein Fußabdruck gefunden, den man aufgrund der Größe als Spur eines Tigers einstufte. Das waren die letzten Lebenszeichen des Java-Tigers!

Der Kaspische Tiger unterschied sich vom Sibirischen Tiger vor allem durch seine Fellzeichnung, die eine schmalere Streifung aufwies. Wissenschaftler haben allerdings kürzlich herausgefunden, dass das Erbgut des Kaspischen Tigers weitgehend mit dem des Sibirischen Tigers identisch war. Offenbar war der Kaspische Tiger nur eine örtliche Variante des Sibirischen Tigers.

Java-Tiger

Körperbau

Tiger sind mächtige Raubtiere! Erwachsene Tiere können eine Körperlänge von zwei Metern erreichen, dazu kommt noch der Schwanz von fast einem Meter Länge. Ein solches Tier kann etwa bis 280 Kilogramm wiegen, also mehr als drei erwachsene Männer. Der schwerste je gewogene Amur-Tiger brachte sogar 305 Kilogramm auf die Waage. Unter den Großkatzen ist der Tiger unangefochten der Größte – nur einige Lokalformen des Afrikanischen Löwen erreichen annähernd seine Größe. Grundsätzlich sind Tiger aus nördlichen Regionen größer als solche aus den Subtropen oder Tropen. Das hat damit zu tun, dass bei größeren Tieren das Verhältnis zwischen Körpervolumen und Körperoberfläche kleiner ist – daher verlieren größere Säugetiere oder Vögel in kalten Regionen weniger Wärme über die Körperoberfläche. Biologen nennen diese Gesetzmäßigkeit die Bergmannsche Regel.

Der Tiger ist die größte Raubkatze der Welt

Große Sprünge

Tiger sind hervorragende Weitspringer. Mit einem einzigen Satz kann ein Tiger problemlos fünf bis sechs Meter weit springen. Wissenschaftler berichten, dass sogar schon zehn Meter weite Sprünge beobachtet worden sind! Miss einmal zehn Meter ab – das ist unglaublich weit, oder?

Hier siehst Du schön die Unter- und die Oberseite einer Tigertatze

Ein Forscher zeigt die Kralle eines betäubten Königstigers

Auf großem Fuß!

Der Abdruck der Pfoten – man nennt sie auch Pranken – eines ausgewachsenen Sibirischen Tigerkaters kann bis zu 17 cm lang und bis zu 16 cm breit sein! Ist das nicht riesig? Bei den Weibchen sind die Pranken etwas kleiner.

Der Tiger ist wie alle Katzen ein Zehengänger, beim Laufen berühren also alle Zehenglieder den Boden. Das macht sie schnell und leise. Die bei großen Tigern bis zu 10 Zentimeter langen Krallen sind beim Gehen in ihre Scheiden zurückgezogen. Das verhindert, dass diese wichtigen Jagdwaffen stumpf werden. Die kräftigen Hinterbeine des Tigers sind etwas länger als die Vorderbeine. Sie ermöglichen es dem Tiger, schnell zu beschleunigen und sich bei Sprüngen kräftig vom Boden abzustoßen.

Die Spuren zeigen, dass beim Laufen alle Zehenglieder des Tigers den Boden berühren

Die Vorderbeine bestehen aus besonders stabilen Knochen und starken Muskeln. Damit ist der Tiger hervorragend ausgestattet, um seine Beutetiere aus dem Hinterhalt anzuspringen und zu Boden zu werfen. Die Krallen sind in erster Linie dazu da, das Beutetier festzuhalten, während der Tiger es mit seinen langen Reißzähnen tötet. Meist tötet die Raubkatze ihr Opfer, indem sie es in den Nacken oder die Kehle beißt. Dazu wird eine große Beißkraft benötigt. Um diese Kraft erzeugen zu können, ist der Tigerschädel sehr kompakt gebaut und verfügt über Knochenleisten am Hinterhaupt, an denen starke Muskeln befestigt sind.

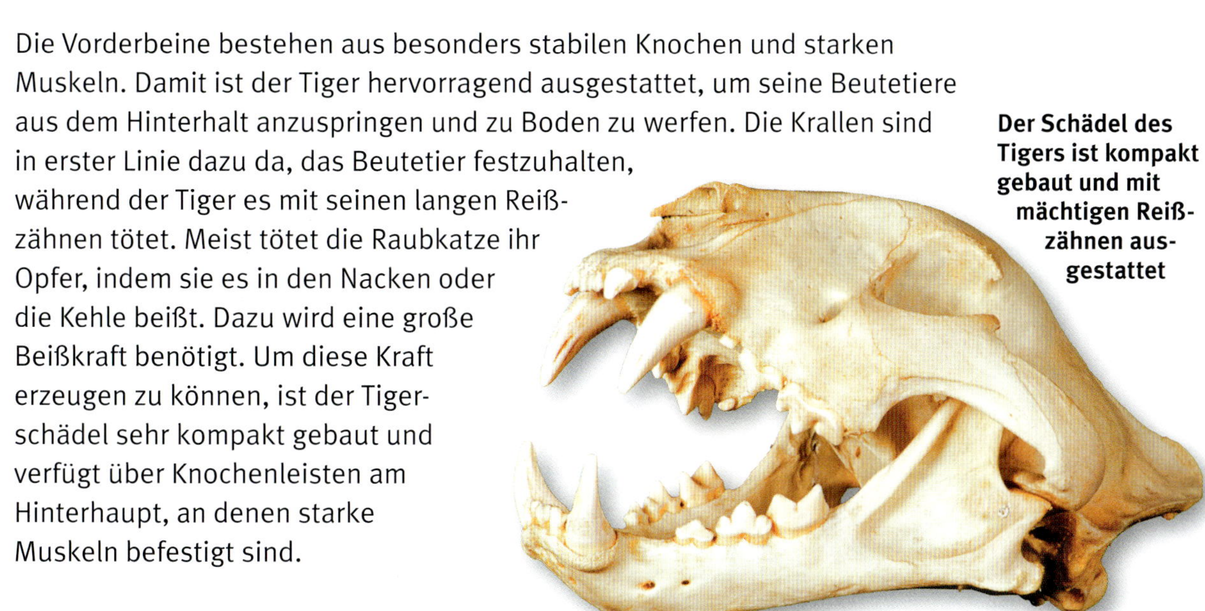

Der Schädel des Tigers ist kompakt gebaut und mit mächtigen Reißzähnen ausgestattet

Hat der Tiger den Tiger im Tank?

Eine Benzin-Marke warb früher: „Pack den Tiger in den Tank!". Damit war gemeint, dass das Benzin der betreffenden Tankstellen das Auto schnell und leistungsfähig macht. Hat denn nun der Tiger selbst überhaupt auch sozusagen „den Tiger im Tank"? So schnell wie ein Gepard, der Geschwindigkeiten von bis zu 100 Stundenkilometern erreicht, ist ein Tiger nicht! Dazu ist er viel zu schwer und massig. Immerhin schafft aber er im Kurzstreckensprint bis zu 60 Stundenkilometer! Die weltbesten menschlichen Athleten erreichen im Vergleich dazu im 100-Meter-Lauf etwa 36 Stundenkilometer.

Wunderschön: das Tigerfell

Einzigartige Tiger

Wusstest Du schon, dass die Haut bei jedem einzelnen Tiger anders gestreift ist? Wie die Fingerabdrücke bei uns Menschen, so kann man Tiger also anhand ihrer Streifen sicher erkennen. Das wird von Tigerforschern genutzt, um Tiger in der Natur zweifelsfrei wiederzuerkennen.

Die verschiedenen Unterarten unterscheiden sich in der Farbe des Fells, der Ausbildung der Streifenzeichnung, der Körpergröße und auch etwas im Körperbau. Trotz all dieser Unterschiede ist ein Tiger aber immer eindeutig als Tiger erkennbar – Verwechslungen mit anderen Großkatzen sind nahezu ausgeschlossen! Das Merkmal, an dem Du einen Tiger immer auf den ersten Blick erkennst, ist das charakteristisch gezeichnete und gefärbte Fell.

Sein Grundton variiert in verschiedenen Braun-, Grau-, Gold- und Orangetönen. Der Bauch und die Innenseite der Beine sind meist hell in Beige- und Weißtönen gefärbt. Nördliche Tiger wie der Sibirische Tiger sind heller gefärbt als ihre Verwandten in südlichen Verbreitungsgebieten.

Das Fell des Tigers hat grundsätzlich zwei Hauptaufgaben. Es bietet zum einen Schutz vor Kälte, was vor allem für solche Unterarten von Bedeutung ist, die den Norden und höher gelegene Gebirge bewohnen. Da die südlichen Tigerunterarten kaum Schutz vor Kälte benötigen, ist ihr Fell sehr kurz. Die Haarlänge beträgt beispielsweise beim Bengal-Tiger nur etwa 8 bis 15 Millimeter am Rücken und 20 bis 30 Millimeter am Bauch. Beim Sibirischen Tiger ist das Fell länger, nämlich bis zu 45 Millimeter im Sommer und bis zu 105 Millimeter im Winter. Es hält ihn auch bei Eiseskälte noch mollig warm.

Eine haarige Sache!

Der Bengalische Tiger hat auf einer Hautfläche von einem Quadratzentimeter zwischen 1 700 und 2 000 einzelne Haare. Beim Sibirischen Tiger sind es im Winterfell sogar bis zu 3 300 Haare pro Zentimeter mal Zentimeter! Zum Vergleich: Menschen haben auf dem Kopf nur rund 160 bis 220 Haare pro Quadratzentimeter.

Das Fell eines weißen Tigers. Mehr über diese Farbform erfährst Du ab Seite 30.

Die Streifenzeichnung ...

... ist bei jedem Tiger ...

... einzigartig wie ein Fingerabdruck!

Zum anderen dient die Streifenzeichnung dazu, die Tiere in ihrem natürlichen Lebensraum zu tarnen. Die unterschiedlich gefärbten Streifen lösen die Körperumrisse der Raubkatze im Spiel von Licht und Schatten auf. Ein Tiger, der irgendwo im hohen Gras oder im Dickicht des Waldes lauert, ist dank seiner Streifen kaum auszumachen und daher praktisch unsichtbar!

Im Spiel von Licht und Schatten ist der Tiger hervorragend getarnt

Da erwachsene Tiger keine natürlichen Feinde haben, ist diese Fähigkeit zur Tarnung wahrscheinlich hauptsächlich entstanden, damit sie sich unerkannt an Beutetiere anschleichen können. Die Streifenzeichnung kann von langen, groben, mit großem Abstand zueinander stehenden Streifen bis zu sehr feinen, engen, kurzen Streifen variieren. Auch Fleckenmuster sind möglich. Die Ohren sind außen schwarz gefärbt, mit einem deutlichen weißen Fleck. Die Nase ist rosa. Werden die Tiger älter, kann die Nase dunkle Sprenkel bekommen.

Die Schönheit des Tigerfells hat in der Vergangenheit leider dazu geführt, dass Tiger in großen Mengen gejagt wurden, um beispielsweise Jacken und Mäntel daraus herzustellen. Dies war einer der Gründe, die dazu führten, dass alle Unterarten heute vom Aussterben bedroht sind.

Färbung und Streifenzeichnung lassen diesen Königstiger im Pflanzendickicht fast verschwinden

Wunderschön ist die weiße Farbform des Bengal-Tigers

Weiße Tiger

Bestimmt hast Du auf Fotos oder im Fernsehen schon mal weiße Tiger gesehen. Diese Farbform kommt ausschließlich beim Bengal-Tiger vor. Auslöser für das ungewöhnliche Aussehen ist eine Abweichung im Erbgut, die dafür verantwortlich ist, dass das Tier nicht das normale Farbenspektrum ausbilden kann.

Weiße Tiger sind keine Albinos mit roten Augen, sondern sogenannte Leuzisten: Sie haben blaue Augen und ein schwarzes Streifenmuster. Es gibt jedoch auch weiße Exemplare, bei denen die Streifenzeichnung komplett fehlt. Sie sind aber extrem selten!

Man schätzt, dass es in der Natur unter 10 000 jungen Tigern einen weißen gibt. Diese besondere Färbung des Fells ist also eine Laune der Natur. Neben weißen Tigern kann es auch schwarze, streifenlose oder goldene Exemplare geben. In der Natur haben solche Tiere aber viel geringere Überlebenschancen, da sie schlechter getarnt sind als ihre normal gefärbten Artgenossen: Ein Beutetier kann einen weißen Tiger schon aus der Ferne erkennen und sich davonmachen.

Ein normalfarbiger und ein weißer Tiger im direkten Vergleich

Ein sehr seltener „goldener“ Tiger. Er besitzt fast keine Streifenzeichnung.

Weiße Tiger sind nicht vom Aussterben bedroht!

Oft kannst Du lesen, weiße Tiger würden deshalb gezielt gezüchtet, weil sie angeblich selten und vom Aussterben bedroht seien. Das ist jedoch falsch! Weiße Tiger tragen einen Gendefekt, der dafür verantwortlich ist, dass sie keine normale Tigerfärbung ausbilden können. Weiße Tiger sind also keine eigene Tigerunterart, sondern nur abweichend gefärbte Bengal-Tiger. Durch die Zucht weißer Tiger trägt man aber nicht zur Erhaltung des Bengal-Tigers bei: Da dabei weiße Tiger immer wieder miteinander verpaart werden, treten schließlich vermehrt Krankheiten auf. Denn die Elterntiere sind ja alle verwandt, da sie von einem einzigen Tigerkater abstammen.

Von Ligern und Töwen

Stell Dir vor, es gibt sogar Mischlinge zwischen Löwe und Tiger! Eine Kreuzung zwischen einer Löwin und einem Tigerkater nennt man „Liger“ – solche Tiere siehst Du hier auf den Fotos. Wenn der Vater ein Löwe ist und die Mutter eine Tigerin, nennt man diese Kreuzung „Töwe“ oder „Tigon“. Derartige Zuchten sind absolut sinnlose Spielereien und werden oft nur durchgeführt, um damit Aufmerksamkeit zu erzeugen, denn Liger werden enorm groß und eindrucksvoll. Ernsthafte Zoos machen so etwas nicht, sondern widmen sich der Erhaltungszucht.

Übrigens stammen alle heute in Menschenobhut lebenden weißen Tiger von einem einzigen Tigerkater ab, der 1951 als Jungtier von einem indischen Fürsten gefangen wurde, dem Maharadscha von Rewa. Die deutsch-amerikanischen Zauberkünstler und Dompteure Siegfried und Roy haben weltweit die größte Zucht von weißen Tigern.

Diesen beiden Tigern ist es offensichtlich egal, wie der jeweils andere aussieht. Sie verstehen sich prächtig!

Der Tiger auf dem Sofa

Die Hauskatze ist die domestizierte Form der Falbkatze aus dem Nahen Osten, einer Kleinkatze. Die Kleinkatzen bilden gemeinsam mit den Großkatzen und weiteren Gruppen die Familie der Katzen. Hauskatze und Tiger sind also gewissermaßen weitläufig verwandte Vettern. Daher gibt es eine Reihe von Verhaltensweisen und körperlichen Merkmalen, die bei beiden ähnlich sind. Besuche doch mal die Tiger im Zoo und beobachte sie. Du wirst viele Gemeinsamkeiten zu Hauskatzen entdecken.

Der Tiger ist der „große Cousin“ unserer Hauskatze. Darum haben sie viele Gemeinsamkeiten im Verhalten.

Der Sibirische Tiger schärft seine Krallen am Baum, ...

... die Hauskatze am speziellen Kratzbaum

Die Pranken eines Tigers verfügen über einziehbare Krallen, die sich gleichzeitig mit der Abnutzung auch schärfen. Deshalb wetzen Tiger ihre Krallen beispielsweise an Bäumen! Für unsere „Stubentiger" gibt es aus diesem Grund sogar spezielle Kratzbäume, damit sie Möbel und Sofas in Ruhe lassen. Das Schärfen der Krallen durch das Wetzen kann man bei allen Katzenarten beobachten – die einzige Ausnahme sind Geparde. Die Krallen eines Gepards können nämlich, ähnlich wie beim Hund, nicht eingezogen werden. Beim Schärfen der Krallen an einem Baum werden gleichzeitig Geruchsstoffe aufgebracht, sodass dieses Verhalten auch dazu dient, Reviergrenzen zu markieren.

Nicht umsonst werden Hauskatzen auch „Stubentiger" genannt

Getigert!

Viele Tiere haben Streifen wie ein Tiger, von bestimmten Schlangen und Amphibien bis hin zu Vögeln. Aber offenbar hat unter all diesen Arten der Tiger den Menschen am meisten beeindruckt, denn nach dieser Raubkatze nennt er die Musterung von Tieren, die solche Streifen tragen: getigert.

Beim sogenannten Flehmen kann der Tiger Gerüche besonders gut wahrnehmen

Auch Hauskatzen flehmen. Allerdings sieht das bei ihnen nicht so spektakulär aus wie beim Tiger.

Wenn es einem Tiger zu warm wird, dann zieht er sich an ein schattiges Plätzchen zurück und ruht sich aus. Bei arger Hitze fängt er an, mit geöffnetem Maul zu hecheln. Dabei verdunstet Speichel von den Schleimhäuten von Maul und Zunge, und die Verdunstungskälte kühlt das Tier. Bei Tigern sind die Schweißdrüsen nämlich nicht über den gesamten Körper verteilt, wie dies etwa bei uns Menschen ist. Sie haben nur zwischen den Sohlen- und Zehenballen, an den Lippen, am Kinn, um die Zitzen und am Hintern Schweißdrüsen. Besonders auffällig wird dies, wenn Tiger zu schwitzen beginnen. Tiger schwitzen hauptsächlich über die Tatzenballen und hinterlassen dann – wie übrigens auch unsere Hauskatzen – beim Gehen nasse Fußabdrücke. Diese Schweißabdrücke dienen aber nicht nur der Kühlung, sondern ebenfalls dazu, das Revier zu markieren. Andere Artgenossen sind schließlich im Revier unerwünscht!

Zeigt her eure Zähne

Genau wie unsere Hauskatze haben auch Tiger 30 Zähne. Die Reißzähne des Tigers können allerdings eindrucksvolle 10 Zentimeter lang werden!

Raue Zunge!

Wie auch Hauskatzen besitzen Tiger auf ihrer Zunge sogenannte Papillen mit nach hinten gerichteten, verhornten „Zähnchen". Diese bis zu 5 Millimeter langen Papillen sorgen dafür, dass die Tigerzunge rau wie Schmirgelpapier ist. Die Raubkatzen können darum mit ihrer Zunge Fleisch von Knochen abschaben. Sie dient aber auch dazu, sich selbst, den Partner oder die Jungen sauber zu lecken.

Wie alle Katzen verbringen auch Tiger gern viel Zeit schlafend. Bis zu 20 Stunden am Tag können das sein! Schlafende Katzen verbrauchen wenig Energie und brauchen somit weniger Nahrung. Wie viel eine Katze schläft, hängt auch von der Jahreszeit, dem Futterangebot und von den Umgebungsbedingungen ab.

Ein besonderes Verhalten von Katzenarten ist das Flehmen. Katzen verfügen wie auch viele andere Tiere über ein zusätzliches Geruchsorgan im Gaumendach, mit dem sie Duftstoffe wahrnehmen können. Dieses Organ wird Jacobsonsches Organ genannt. Flehmende Katzen kannst Du daran erkennen, dass sie den Kopf leicht anheben, das Maul öffnen und den Nasenrücken sowie die Oberlippe zurückziehen. Tiger strecken darüber hinaus noch die Zunge leicht heraus. Durch dieses Verhalten leiten Katzen Geruchstoffe aus der Luft an das Jacobsonsche Organ. Dies geschieht, wenn Katzen Gerüche besonders prüfen möchten – beispielsweise wenn sie auf Reviermarkierungen stoßen.

Die Lieblingsbeschäftigung des Tigers ...

Mit den Sinnen eines Tigers

Genau wie Du verfügt auch der Tiger über die sechs Sinne Sehsinn, Geruchssinn, Tastsinn, Hörsinn, Geschmackssinn und Gleichgewichtssinn.

Das Organ für den Gleichgewichtssinn sitzt bei allen Wirbeltieren im Innenohr. Man nennt es Vestibularorgan. Die Aufgabe dieses Sinnes ist es, die Orientierung des Körpers im Raum zu messen und diese Information an das Gehirn weiterzugeben. Damit weiß der Tiger immer, wo oben und unten ist und in welche Richtung der Körper beschleunigt wird.

Wie alle Katzen verfügt auch der Tiger über ausgezeichnete Augen. Er ist wie wir Menschen dazu in der Lage, seine Umgebung dreidimensional wahrzunehmen. Dies ist eine wichtige Voraussetzung, um Entfernungen richtig abzuschätzen. Ein Jäger, der seine Beutetiere anspringt, muss schließlich im Voraus wissen, wie weit die Beute entfernt ist, damit der Sprung nicht zu kurz oder zu weit ausgeführt wird.

Tiger verfügen über äußerst scharfe Sinne, die ihnen vor allem beim Aufspüren von Beute helfen

Leuchtende Augen

Beim Sehvorgang dringt Licht durch die Netzhaut im Auge und reizt die Sinneszellen darin – der Tiger sieht ein Bild. Die Augen des Tigers haben hinter der Netzhaut jedoch eine Schicht, die das einfallende Licht reflektiert: Es wird also zurückgeworfen und reizt dabei ein zweites Mal die Sinneszellen der Netzhaut. Dadurch wird selbst das wenige Licht der Nacht noch optimal ausgenutzt. Auf diese Weise kann der Tiger im Dunkeln wesentlich besser sehen als ein Mensch. Und die Schicht, die das Licht reflektiert, ist auch der Grund dafür, dass Tigeraugen im Dunkeln leuchten!

Tiger gehen überwiegend während der Nacht auf Jagd. Darum sind ihre Augen besonders darauf ausgelegt, während der Nacht oder in der Dämmerung gut zu funktionieren. Während Tiger am Tag etwa gleich gut sehen wie wir Menschen, funktionieren ihre Augen in der Nacht etwa sechsmal so gut wie unsere!

In der Nacht jagen Tiger besonders gerne und erfolgreich

Der Tiger kann seine Ohren gleichzeitig in verschiedene Richtungen drehen, um Geräusche aus unterschiedlichen Quellen wahrzunehmen

Der Hörsinn des Tigers ist deutlich besser entwickelt als bei uns Menschen. Zum einen kann er seine Ohren unabhängig voneinander bewegen und dadurch die Richtung sicher bestimmen, aus der ein Geräusch kommt. Außerdem vermag er sich auf diese Weise auf Geräusche aus unterschiedlichen Richtungen gleichzeitig zu konzentrieren. Zum anderen sind Tiger – wie alle Katzen – in der Lage, sehr hohe Geräusche deutlich besser zu hören als wir Menschen. Katzen können daher Geräusche wahrnehmen, die wir Menschen gar nicht mehr hören.

Der Geschmackssinn des Tigers ist nicht sehr gut ausgebildet. Während wir Menschen etwa 5 000 bis 9 000 Geschmacksknospen im Mund aufweisen, sind es beim Tiger nur etwa 500. Wie alle Katzen können auch Tiger unterschiedliche Geschmacksqualitäten unterscheiden, nämlich bitter von salzig oder sauer. Süßes können sie indes nur sehr schlecht schmecken – manche Wissenschaftler gehen davon aus, dass der Tiger die Geschmacksnote „süß“ sogar überhaupt nicht wahrnimmt kann. Dieser relativ schlecht ausgeprägte Geschmackssinn ist ein Grund dafür, dass Tiger selbst solches Fleisch noch fressen, das schon etwas in Verwesung übergegangen ist – sie schmecken das wohl einfach nicht!

Der Geruchssinn dagegen ist hervorragend ausgebildet. Er dient dem Tiger aber nicht in erster Linie zur Jagd, sondern dazu, sich mit Artgenossen zu verständigen. Ein Tiger markiert nämlich bestimmte Bereiche in seinem Territorium, also dem Gebiet, das er für sich beansprucht, mit Duftmarken. Damit teilt er Artgenossen seine Anwesenheit mit. Solche Duftmarken setzt die Raubkatze, indem sie Urin, Schweiß oder Kot verteilt. Aber auch mit speziellen Duftdrüsen, die Katzen beispielsweise am Kopf und an den Pfoten haben, hinterlässt die Raubkatze Nachrichten.

Diese Duftmarken geben anderen Tigern wichtige Informationen weiter, beispielsweise ob der Besitzer des Reviers ein Männchen oder ein Weibchen ist und ob er Junge haben möchte. Ist ein Tiger an einem bestimmten Geruch besonders interessiert, dann verlässt er sich nicht ausschließlich auf seine Nase, sondern nutzt auch das im Gaumendach liegende Jacobsonsche Organ (siehe Seite 37).

Mit seinem Urin setzt dieser Königstiger eine Duftmarke: „Das ist mein Revier!“

Anhand von Duftmarken können andere Tiger beispielsweise einschätzen, ob hier ein Männchen oder ein Weibchen lebt oder ob der Artgenosse gesund oder krank ist

Der Tastsinn des Tigers ist ebenfalls sehr gut ausgeprägt. Er besitzt eine Vielzahl von Tastsinneszellen in der Haut. Auffälliger sind aber die Tasthaare oder Schnurrhaare, die sich vorwiegend am Kopf befinden. Damit kann der Tiger feinste Erschütterungen wahrnehmen. Im Dunkeln liefern sie ihm Informationen über die direkte Umgebung.

Mit dem Tiger auf Jagd

Die Größe des Territoriums, in dem ein Tiger lebt, hängt vor allem davon ab, wie viele Beutetiere es dort gibt. In einigen Gebieten finden Tiger in einem Gebiet von weniger als 100 Quadratkilometern ausreichend Nahrung, in anderen Regionen benötigen die Raubkatzen jedoch mehrere tausend Quadratkilometer, um zu überleben. Wissenschaftler haben sogar herausgefunden, dass einzelne Amur-Tiger bis zu 10 500 Quadratkilometer große Territorien haben. Das ist eine enorm große Fläche – sie entspricht etwa 1,5 Millionen Fußballfeldern!

Tiger sind Einzelgänger und gehen daher meist auch alleine auf die Jagd. Ausnahmen sind hier nur Weibchen, solange sie ihre Jungen aufziehen. Tiger jagen gerne im Dickicht und im Schutz hoher Gräser und Büsche, oft auch in der Nähe von Gewässern. Dort überraschen sie ihre Beute beim Trinken.

Tiger gehen in aller Regel alleine auf die Jagd

Vielfraß Tiger

Nach einer erfolgreichen Jagd trägt der Tiger das erlegte Beutetier an einen sicheren Ort. Dort frisst er, so viel er kann, und kommt bei entsprechend großen Beutetieren an den folgenden Tagen wieder zurück, um weiter zu fressen. Stell Dir vor, ein Tiger vermag bei einer Mahlzeit zwischen 18 und 40 Kilogramm Fleisch zu verschlingen! Im Zoo bekommen erwachsene Tiger pro Tag zwischen 5 und 7 Kilogramm Fleisch.

Die Axishirsche haben den Tiger noch nicht bemerkt, der sich vorsichtig anschleicht

Auch vor einem weiten Sprung ins Wasser schreckt ein Tiger nicht zurück, wenn es darum geht, ein Beutetier zu verfolgen

Tiger versuchen immer, sich so nahe wie irgend möglich an ein Beutetier heranzuschleichen. Die schweren Raubkatzen sind keine besonders guten Langstreckenläufer, deshalb verlassen sie sich auf das Überraschungsmoment: In einer kurzen Attacke sprinten sie auf das Beutetier zu und springen es an. Mit der kompletten Wucht des Aufpralls oder einem mächtigen Prankenhieb reißt der Tiger sein Beutetier zu Boden. Dann tötet er es, indem er es meist in Kehle oder Genick beißt.

Wenn die anvisierte Beute die lauernde Raubkatze allerdings kurz vor dem Angriff bemerkt und in letzter Sekunde flüchten kann, haben viele Tiger eine besondere Jagdstrategie entwickelt. Sie treiben ihre Beute bei deren Flucht gezielt ins Wasser! Dort stellen sie ihr nach oder warten, bis sie ertrunken ist. Trotz aller Präzision, Raffinesse und Geschicklichkeit ist aber bloß jeder 15. bis 20. Angriff ein Jagderfolg!

Junge Tiger müssen eigene Jagdstrategien erlernen, um später in der Wildnis überleben zu können. Meist tun sie das spielerisch untereinander mit den Geschwistern. Sie üben mit ihnen Anpirschen und Auflauern, um sie dann anzuspringen. Besonders wichtig für ihre Zukunft ist es jedoch, die Jagdstrategien der erfahrenen Tigermutter zu erlernen.

Mutter Tiger und ihre drei fast ausgewachsenen Jungen fressen einen Sambahirsch, den sie kurz zuvor erlegt haben

Die Jagd war erfolgreich. Der Tiger trägt seine Beute nun an ein ruhiges Fleckchen, um sie ungestört zu verzehren

Die Beute der Tiger besteht aus Huftieren wie Rehen, Rindern, Antilopen oder Gazellen. Außerdem jagen sie Wildschweine, Hasen, Wasservögel und selbst Bären wie Braun- und Kragenbären. Sogar junge Elefanten und Panzernashörner können Tigern zum Opfer fallen. In schlechten Zeiten, wenn es nicht genügend Beutetiere gibt oder der Tiger einfach kein Jagdglück hatte, können die Tiere bis über eine Woche lang auskommen, ohne zu fressen. Wissenschaftler schätzen, dass ein erwachsener Tiger pro Jahr etwa 50 Beutetiere von der Größe eines Rehs benötigt.

Urplötzlich ist der Königstiger aus seinem Versteck im hohen Gras losgesprintet und jagt nun mit weiten Sätzen den Sambahirschen nach

Nur zur Paarungszeit kommen Männchen und Weibchen zusammen

Kinderstube

Wie Du schon gelesen hast, sind Tiger normalerweise Einzelgänger. Der Tigerkater sucht den Kontakt zur Katze nur, um sich mit ihr zu paaren. Danach geht er wieder eigene Wege. Der Kater weiß, wann die Katze paarungsbereit ist. Sie signalisiert es ihm mit Duftmarkierungen. Nach der Paarung ist die Katze auf sich allein gestellt.

Tigerkatzen in tropischen Regionen sind im Gegensatz etwa zum Amur-Tiger nicht an den Frühling gebunden, sondern können das ganze Jahr über Junge austragen. Die Katze bekommt ein bis vier Junge (im Durchschnitt drei), die sie nach einer Tragezeit von gut dreieinhalb Monaten (etwa 104 bis 106 Tage) zur Welt bringt. Die kleinen Tiger wiegen zwischen 780 und 1 600 Gramm, meist mehr als ein Kilo. Sie haben eine Länge von etwa 31 bis 40 Zentimeter von der Schnauzenspitze bis zum Schwanzansatz. Der Schwanz ist etwa 13 bis 16 Zentimeter lang.

Das erste Zusammentreffen zwischen Männchen und Weibchen läuft oft ziemlich rau ab

Katze und Kater unterscheiden sich äußerlich auf den ersten Blick kaum

Etwa zwei Wochen alt ist dieses putzige Tigerbaby

Nach etwa 9 bis 14 Tagen öffnen junge Tiger die bis dahin verschlossenen Augen. Wie viele andere Tierarten durchlaufen auch Tiger einen Zahnwechsel. Bei den Jungtieren entwickelt sich im Alter von zwei bis acht Wochen zunächst ein sogenanntes Milchgebiss. Nach etwa acht bis neun Monaten fallen die Milchzähne aus, und das endgültige Gebiss der erwachsenen Tiger entwickelt sich. Im Alter von etwa 12 bis 14 Monaten verfügen junge Tiger über das vollständige Erwachsenengebiss.

Die Aufzucht und Erziehung der Jungen übernimmt einzig und allein die Mutter. Schon nach etwa zwei bis drei Monaten beginnen die kleinen Tiger, versuchsweise an fester Nahrung zu fressen. Milch bekommen sie von der Mutter, bis sie etwa drei bis sechs Monate alt sind. Bereits im Alter von zwei bis drei Monaten beginnen die Jungtiere auch damit, ihre Mutter auf Jagdzügen zu begleiten. Sie lernen dabei die Jagdtechniken der Mutter und versuchen mit etwa sechs Monaten, ihre eigene Jagdtechnik zu entwickeln und zu perfektionieren. Mit etwa eineinhalb Jahren sind sie in der Lage, selbstständig zu jagen.

Neugierig geht der kleine Sumatra-Tiger auf Entdeckungsreise

Auf diese Weise trägt eine Tigermutter ihr Junges beispielsweise in ein neues Versteck. Keine Angst, es tut dem Jungen nicht weh!

Zwischen den starken Pranken der Mutter fühlt sich das Junge sicher und geborgen

Das Junge hat mächtig Spaß dabei, mit der Mutter zu spielen

Selbst wenn sie schon so groß sind, trinken die Jungen noch gerne Milch bei der Mutter

In dieser Zeit lernen sie auch sonst alles, was sie für ihr späteres Leben wissen müssen, zum Beispiel wie man sich unter Tigern verhält. Tigermännchen sind für Jungtiere eine äußert ernst zu nehmende Gefahr! Wenn ein Kater die Jungen eines Konkurrenten tötet, kann er sich danach selbst mit der Katze paaren. Diese bekommt dann seine Jungen. Auf diese Weise gibt er sein Erbgut weiter. Das klingt grausam, aber die Natur kennt andere Regeln als wir Menschen.

Junge Tiger bleiben etwa zwei bis drei Jahre bei ihrer Mutter. Dann wandern sie ab und versuchen, ein eigenes Revier zu erobern. Weibchen bekommen im Alter von etwa drei bis vier Jahren zum ersten Mal Junge, während die Männchen erst mit vier bis fünf Jahren geschlechtsreif werden.

Die Mutter hat das Schwein erlegt und überlässt es nun den Jungen

So alt!

Viele Tiger-Junge sterben, bevor sie ein Jahr alt werden. Ist ein Tiger erst einmal aus dem Gröbsten heraus, kann er in der Natur etwa zehn bis 16 Jahre alt werden. Im Zoo, wo die Tiere reichlich zu fressen bekommen und bei Krankheit mit Medikamenten versorgt werden, können sie sogar noch etliche Jahre mehr erleben.

Es sieht wild aus, ist aber nur ein nasses Spiel zwischen zwei fast ausgewachsenen Geschwistern

Wie alle Tiger schwimmt auch dieser Sumatra-Tiger hervorragend

Von wegen wasserscheu!

Im Gegensatz zu anderen Katzen, von der Hauskatze über Löwen bis zu Leoparden, sind Tiger überhaupt nicht wasserscheu. Ganz im Gegenteil, sie gehen sogar gerne schwimmen! Tiger wurden schon dabei beobachtet, wie sie Flüsse durchschwammen, die 6 000 oder 8 000 Meter breit waren. Den Rekord hält ein Tiger, der sogar eine Strecke von 29 Kilometern schwimmend zurücklegte.

Im Wasser lässt es sich auch herrlich abkühlen

Ein kühles Bad ist zudem ein Genuss bei tropischer Hitze und hilfreich gegen lästiges Ungeziefer.

Jungtiere haben anfangs meist einen gehörigen Respekt vor dem Wasser. Aber das Schwimmen müssen sie nicht lernen, die Fähigkeit dazu ist ihnen angeboren. Haben sie sich erst einmal mit dem nassen Element angefreundet, spielen sie gerne darin.

Mutter Königstiger durchquert mit ihren Jungen einen See

Körpersprache

Neben dem Hören haben die Tigerohren auch noch eine andere Aufgabe. Sie sind gewissermaßen ein Stimmungsbarometer des Tigers. Sind die Ohren aufgestellt und nach vorne gerichtet, dann signalisiert dies erhöhte Wachsamkeit. Ganz im Gegensatz dazu legt ein Tiger, der sich defensiv verhält oder ängstlich ist, die Ohren sehr dicht an den Kopf an, sodass sie fast nicht mehr zu erkennen sind. Das eindeutigste Signal, das wir von einem Tiger über seine Ohren vermittelt bekommen, ist die Aggression. In diesem Fall stellt der Tiger seine Ohren leicht auf und dreht die Ohröffnungen nach hinten. Dadurch werden die weißen Flecken auf den Rückseiten der Ohren von vorne sichtbar. Ein Tiger, der seine Ohren so hält, wird sehr wahrscheinlich bald angreifen!

Zurückgelegte Ohren, weit geöffnetes Maul, Nase und Stirn in Falten: Dass dieser Tiger ärgerlich und verteidigungsbereit ist, kannst Du ihm deutlich ansehen

Doch nicht nur die Ohren, sondern der ganze Körper wird vom Tiger zur Verständigung eingesetzt. Auch die komplette Gesichtsmuskulatur der Raubkatze spielt dabei eine Rolle. So können beispielsweise die Schnurrhaare angelegt oder abgespreizt werden. Oder der Tiger legt Nase und Stirn in Falten oder fletscht die Zähne. Einem Tiger ist sozusagen sein Gemütszustand förmlich ins Gesicht geschrieben.

Nicht nur der Ausdruck des Gesichts, sondern auch das Fauchen sagt: „Nimm dich in Acht!“

Dieser Tiger hat etwas entdeckt, was ihn sehr interessiert

Rettungsplan Tiger!

Nur noch etwa 325 Sumatra-Tiger leben in der Natur. Jedes im Zoo geborene Junge kann helfen, das Überleben der Art zu sichern.

Wie Du nun schon weißt, gibt es heute leider nur noch etwa 3 200 Tiger in der Natur, und es werden immer weniger. In China steigt die Nachfrage nach illegalen Tigerprodukten. Dafür werden auf dem Schwarzmarkt hohe Preise gezahlt. Die Herstellung von Medikamenten aus Tigern hat in Asien eine sehr lange Tradition. Tigermedizin wird in China seit über 1 500 Jahren hergestellt. Zwar ist das dort seit 1993 offiziell verboten, aber dennoch geht die Produktion weiter. Auch heute noch werden große Mengen Tigermedizin produziert und illegal verkauft. Es ist sehr schwierig, alte kulturelle Traditionen zu verändern!

Auch die Wilderei auf Tiger wegen ihres Fells ist weiterhin ein großes Problem. Tigerköpfe gelten als tolle Jagdtrophäen! Wilderer können mit einem einzigen erlegten Tiger ihr Einkommen deutlich aufbessern.

„Hilf dabei, Tiger zu schützen“, steht auf diesem Schild am Rand eines Schutzgebiets

Tag des Tigers

Jedes Jahr am 29. Juli wird der Internationale Tag des Tigers begangen. An diesem Tag machen Naturschutzverbände auf der ganzen Welt auf die sehr schlimme Lage der Großkatze aufmerksam. Forscher gehen davon aus, dass in den letzten 150 Jahren etwa 93 Prozent des ursprünglichen Tigerlebensraumes zerstört wurden.

Auch heute noch werden Tiger illegal gejagt, um mit ihrem Fell und den Knochen viel Geld zu verdienen

Vom Jäger zum Naturschützer

Der britische Oberst Jim Corbett, der in Indien geboren wurde und dort lebt, wurde häufig zu Hilfe gerufen, wenn menschenfressende Tiger oder Leoparden ihr Unwesen trieben. Von 1907 bis 1933 erschoss er 19 solcher Tiger und 14 Leoparden, denen zuvor zusammengenommen etwa 1 200 Menschen zum Opfer gefallen waren.
Schon immer war Jim Corbett naturbegeistert gewesen. Bald fing er an, mit einer Filmkamera Aufnahmen zu machen. Fasziniert von der Schönheit der Natur, der Tiere und Pflanzen, setzte er sich für ihren Schutz ein. Maßgeblich war er daran beteiligt, dass der erste Nationalpark Indiens gegründet wurde, der heute seinen Namen trägt. Auch der Indonesische Tiger wurde nach ihm benannt: Sein wissenschaftlicher Name lautet *Panthera tigris corbetti*.

Eine weitere wichtige Gefährdung ist, dass wir Menschen den Lebensraum der Großkatzen ständig verkleinern. Begegnungen zwischen Mensch und Tiger werden dadurch häufig und lassen sich oft nicht vermeiden. Daher wird den majestätischen Tieren nachgestellt, da man sie nicht in der direkten Umgebung haben möchte. Mittlerweile gibt es nur noch kleine Gebiete auf unserer Erde, in denen Tiger sicher leben können. Deshalb versuchen viele Arten- und Naturschutzorganisationen, das Überleben der Art zu sichern. So wurde in den letzten Jahrzehnten eine ganze Reihe unterschiedlicher Schutzprojekte gegründet. Zudem wurden Schutzgebiete und Nationalparks eingerichtet. Wichtig für den Erhalt des Tigers ist es, dass die einzelnen Bestände untereinander Kontakt haben. Dazu müssen Korridore aus Wildnis zwischen den einzelnen Wildreservaten geschaffen werden, in denen Tiger leben. Dann können sie wie auf einer Straße von einem Lebensraum in den nächsten wechseln.

Der Mensch dringt immer tiefer in die Lebensräume des Tigers ein und hinterlässt dort auch seinen Müll

Forscher haben diesem Tiger ein Funkhalsband angelegt, das Signale aussendet. So können die Wissenschaftler seine Wanderungen verfolgen.

Immer wieder kommt es dennoch zu Konflikten zwischen Mensch und Tiger, beispielsweise wenn die Raubkatzen Nutzvieh reißen oder zu dicht bei den Dörfern auftauchen. Aber auch Konflikte zwischen Einwohnern und Tigerschützern sind nicht selten. Es ist nicht einfach, den Schutz eines so großen Fleischfressers in einem dicht besiedelten Land sicherzustellen.

Ein Weg, solche Konflikte zu minimieren, liegt darin, den Schutz der Tiger mit Einnahmequellen für die Menschen zu verbinden. Dies kann beispielsweise durch Ökotourismus erfolgen. Das bedeutet, dass ausgebildete Führer Touristen in Nationalparks an Tiger heranbringen, damit sie diese faszinierenden Tiere beobachten und fotografieren können. So verdient die heimische Bevölkerung Geld mit dem Schutz der Tiger und profitiert davon. Das motiviert die Menschen natürlich, zum Arterhalt beizutragen. Trotz aller Schutzmaßnahmen sind die Tiger jedoch stärker gefährdet als je zu vor!

Nicht ganz ungefährlich ist diese Begegnung zwischen den Touristen auf dem Rücken des Reitelefanten und einem Tiger

In solchen speziell geschützten Fahrzeugen können Touristen Tiger aus nächster Nähe beobachten

Moderne Zoos bieten Tigern weiträumige, abwechslungsreiche Gehege

Wer einmal einen Sumatra-Tiger im Zoo bestaunen durfte, wird sicher später für den Schutz dieser Tiere in der Natur eintreten

Nachzuchten seltener Unterarten in Zoos helfen, sie vor dem Aussterben zu bewahren

Tiger im Zoo

Tiger werden bereits seit vielen Jahrzehnten in zoologischen Gärten gepflegt. Früher waren die Lebensbedingungen für die Tiere nicht optimal, und es war schon ein Erfolg, wenn man sie lange halten konnte, ohne dass sie krank wurden und starben. Allmählich aber fanden Forscher mehr über die Lebensweise und die Ansprüche des Tigers heraus. Dieses Wissen konnten sie für die Pflege im Zoo umsetzen und so für artgerechte Haltungsbedingungen sorgen.

Da es in der Natur so schlecht um die Tigerbestände steht, haben sich Zoos weltweit zusammengetan und für die von ihnen gepflegten Tiger koordinierte Zuchtprojekte aufgebaut. In Europa gibt es für den Amur-Tiger und den Sumatra-Tiger Erhaltungszuchtprogramme. Wenn Du einen Zoo besuchst, unterstützt Du damit auch die Bemühungen um den Erhalt der Tiger in zoologischen Gärten, aber ebenso in der Natur.

Großes Tiger-Quiz

Du weißt jetzt schon gut Bescheid über die Tiger. Bestimmt kannst Du Deinen Freunden und Verwandten Spannendes aus dem Leben dieser interessanten Tiere erzählen. Vielleicht hast Du Lust, Dein Wissen zu testen? Dann kreuze bei jeder der nachfolgenden Fragen die Antwort mit Bleistift an, die Du für richtig hältst. Manchmal sind auch mehrere Antworten korrekt. Auf Seite 64 findest Du die Lösungen. Wir wünschen Dir viel Spaß und Erfolg!

1. Wie viele Arten der Gattung der Eigentlichen Großkatzen gibt es?

a) 12 ❍
b) 25 ❍
c) 5 ❍

2. Wo leben Tiger?

a) In Afrika ❍
b) In Asien ❍
c) In Amerika ❍

3. Wie viele Unterarten des Tigers sind bekannt?

a) 15 ❍
b) 9 ❍
c) 5 ❍

4. Welche Tiger-Unterart wird am größten?

a) Der Amur-Tiger ❍
b) Der Sumatra-Tiger ❍
c) Der Riesen-Tiger ❍

5. Warum wetzt der Tiger seine Krallen?

a) Um sie zu schärfen ❍
b) Um sein Revier zu markieren ❍
c) Aus Langeweile ❍

6. Warum sind alle Tiger-Unterarten vom Aussterben bedroht?

a) Tiger sind sehr empfindlich gegenüber Katzenschnupfen und sterben sehr schnell daran ❍
b) Durch Lebensraumzerstörung und Jagd ❍
c) Weil Löwen ihre Reviere erobern ❍

7. Was versteht man unter dem Begriff Flehmen?

a) Flehmen ist eine besondere Form, Geruchsstoffe aus der Luft aufzunehmen ❍
b) Mit Flehmen ist ein besonderes Bettelverhalten bei Katzen gemeint ❍
c) Flehmen ist ein bekanntes Mittel für Katzen gegen Flöhe ❍

8. Wie alt kann ein Tiger werden?

a) zehn bis 16 Jahre ❍
b) 48 Jahre ❍
c) 60 Jahre ❍

9. Wie lange ist die Tragezeit des Tigers?

a) Tiger werden grundsätzlich nicht getragen! ❍
b) Die Tragezeit beträgt durchschnittlich 104 bis 106 Tage ❍
c) Die Tragezeit beträgt etwa neun Monate – wie auch bei uns Menschen! ❍

10. Wie lange bleiben junge Tiger bei ihrer Mutter?

a) zwei bis drei Jahre ❍
b) fünf bis neun Jahre ❍
c) 10 bis 16 Jahre ❍

11. Wie schwer kann ein erwachsener männlicher Amur-Tiger werden?

a) 305 Kilogramm ❍
b) 505 Kilogramm ❍
c) 605 Kilogramm ❍

12. In welchem Alter werden Tiger geschlechtsreif?

a) Weibchen mit zehn Jahren, Männchen mit acht Jahren .... ❍
b) Weibchen mit drei bis vier Jahren, Männchen mit vier bis fünf Jahren ... ❍
c) Weibchen mit einem Jahr, Männchen mit zwei Jahren .... ❍

13. Wie schnell kann ein Tiger auf der Jagd werden?

a) Tiger erreichen auf langen Strecken Geschwindigkeiten bis zu 120 Stundenkilometern .... ❍
b) Ein Tiger wird selten schneller als 10 Stundenkilometer .... ❍
c) Kurzfristig können Tiger bis zu 60 Stundenkilometer schnell werden... ❍

14. Wie wird die Gangart des Tigers genannt?

a) Galopp .... ❍
b) Zehengang .... ❍
c) Zehenspitzengang .... ❍

15. Wie viele Haare hat das Winterfell eines Amur-Tigers pro Quadratzentimeter?

a) bis 10 000 Haare .... ❍
b) bis 3 300 Haare .... ❍
c) bis 1 200 Haare .... ❍

16. Welches Beinpaar ist beim Tiger länger?

a) Die Vorderbeine .... ❍
b) Die Hinterbeine .... ❍
c) Hinter- und Vorderbeine sind etwa gleich lang .... ❍

17. Wie viel Fleisch kann ein Tiger pro Mahlzeit fressen?

a) 5 bis 7 Kilogramm .... ❍
b) 18 bis 40 Kilogramm .... ❍
c) 70 bis 80 Kilogramm .... ❍

18. Warum kann der Tiger nachts so gut sehen?

a) Weil er über eine reflektierende Schicht hinter der Netzhaut verfügt .... ❍
b) Weil seine Augen einen sehr großen Durchmesser haben .... ❍
c) Weil die Augen des Tigers extrem gut durchblutet werden .... ❍

19. An welchen Körperteilen befinden sich die Schweißdrüsen des Tigers?

a) Wie bei Menschen am ganzen Körper. ❍
b) Hinter den Ohren, am Bauch und an der Schwanzspitze .... ❍
c) An den Sohlen- und Zehenballen, an den Lippen, am Kinn, um die Zitzen und am Hintern .... ❍

20. Wie viele Stunden pro Tag verschläft ein Tiger?

a) Tiger schlafen so gut wie nie, damit sie immer bereit sind, Beute zu machen... ❍
b) vier bis fünf Stunden .... ❍
c) bis zu 20 Stunden .... ❍

Lösungen zum Großen Tigerquiz

1) c: Die Großkatzen werden in der Gattung *Panthera* zusammengefasst. Neben dem Tiger zählen dazu auch Löwe, Leopard, Schneeleopard und Jaguar. Es gibt also fünf Großkatzenarten.

2) b: Tiger leben ausschließlich in Asien.

3) b: Wissenschaftler erkennen traditionell neun Unterarten an, von denen leider drei bereits ausgerottet wurden. Manche Forscher gehen heute allerdings davon aus, dass es nur zwei Unterarten gibt.

4) a: Der Amurtiger ist die größte lebende Raubkatze überhaupt. Der Sumatra-Tiger ist die kleinste lebende Unterart des Tigers. „Riesentiger“ gibt es gar nicht.

5) a und b: Beim Wetzen der Krallen werden diese geschärft. Außerdem markiert der Tiger dabei sein Revier mit Duftstoffen.

6) b: Der Lebensraum der Tiger wird durch den Menschen zerstört, außerdem werden sie als Trophäen, zur Herstellung traditioneller Medizin und wegen ihrer Felle gejagt.

7) a: Als Flehmen bezeichnet man ein Verhalten bei Katzen (aber auch anderen Säugetieren), bei dem Duftstoffe an das im Gaumendach liegende Jacobsonsche Organ geleitet werden.

8) a: In der Natur werden Tiger höchstens zehn bis 16 Jahre alt, im Zoo noch älter.

9) b: Tigerweibchen bekommen ihre Jungen nach durchschnittlich 104 bis 106 Tagen.

10) a: Junge Tiger bleiben etwa zwei bis drei Jahre bei ihrer Mutter.

11) a: Der schwerste jemals gewogene Amur-Tiger-Kater hatte ein Gewicht von 305 Kilogramm. Das normale Gewicht liegt jedoch mit 180 bis etwa 230 Kilogramm deutlich niedriger. Weibchen sind kleiner und leichter.

12) b: Weibliche Tiger pflanzen sich im Alter von etwa drei bis vier Jahren zum ersten Mal fort, Männchen erst mit vier bis fünf Jahren.

13) c: Auf kurzen Sprints erreichen Tiger bis zu 60 Stundenkilometer.

14) b: Der Tiger ist wie alle Katzen ein Zehengänger.

15) b: Das Winterfell des Amur-Tigers hat bis zu 3 300 Haare pro Quadratzentimeter.

16) b: Die Hinterbeine des Tigers sind etwas länger als die Vorderbeine. Dadurch kann er schnell beschleunigen und kraftvoll springen.

17) b: Maximal verschlingt ein Tiger pro Mahlzeit 18–40 Kilogramm Fleisch.

18) a: Die lichtreflektierende Schicht hinter der Netzhaut sorgt dafür, dass der Tiger nachts gut sehen kann.

19) c: Der Tiger hat nur zwischen den Sohlen- und Zehenballen, an den Lippen, am Kinn, um die Zitzen und am Hintern Schweißdrüsen.

20) c: Bis zu 20 Stunden pro Tag schläft ein Tiger.

Entdecke die Reihe mit der Eule!

Entdecke die Eulen

Entdecke die Greifvögel

Entdecke die Geier

Entdecke die Rabenvögel

Entdecke die Spechte

Entdecke die Finken

Entdecke die Spatzen

Entdecke die Eisvögel

Entdecke die Zugvögel

Entdecke die Singvögel

Entdecke die Meisen

Entdecke die Kraniche

Entdecke die Störche

Entdecke Schwäne, Gänse & Enten

Entdecke die Möwen

Entdecke die Pinguine

Entdecke die Papageien

Entdecke die Kolibris

Entdecke die Fledermäuse

Entdecke die Hunde

Entdecke die Schafe

Entdecke die Ziegen

Entdecke die Kühe

Entdecke die Pferde

Entdecke die Esel

Entdecke die Igel

Entdecke die Maulwürfe

Entdecke die Waschbären

Entdecke die Biber

Entdecke die Otter

Entdecke heimische Wildtiere

Entdecke die Wölfe

Entdecke die Bären

Entdecke die Tiger

Entdecke die Menschenaffen

Entdecke Affen und Lemuren

Entdecke die Hyänen

Entdecke die Pandas

Entdecke die Elefanten

Entdecke die Nashörner

Entdecke die Giraffen

Entdecke die Antilopen

Natur und Tier - Verlag GmbH
An der Kleimannbrücke 39/41 · 48157 Münster

Telefon: 0251 - 13339-0 · Fax: 0251 - 13339-33
E-Mail: verlag@ms-verlag.de · www.ms-verlag.de